Bibliografische Information der Deutschen Nationalbibliothek
Die Deutsche Nationalbibliothek verzeichnet diese Publikation
in der Deutschen Nationalbibliografie;
detaillierte bibliografische Daten sind im Internet unter
http://dnb.d-nb.de abrufbar.

2015
© Verlagsanstalt Tyrolia, Innsbruck–Wien
Umschlagbild, grafische Gestaltung und Satz:
Verena Hochleitner, Wien
Textbearbeitung: Gudrun Rathke, Frankfurt/Main
Schrift: URW Grotesk T
Druck und Bindung: Druckerei Theiss, St. Stefan
ISBN 978-3-7022-3437-9
E-Mail: buchverlag@tyrolia.at
Internet: www.tyrolia-verlag.at

Der Text basiert auf einer Kurzgeschichte von Thomas Rosenlöcher,
die unter dem Titel „Das Gänseblümchen" in der Sammlung „Liebst
du mich ich liebe Dich. Geschichten zum Vorlesen", Insel Verlag,
Frankfurt am Main und Leipzig 2002 veröffentlicht wurde.

Das Gänseblümchen, die Katze & der Zaun

Thomas Rosenlöcher
Verena Hochleitner

Es war einmal ein Morgen, in den die halbe Welt hineinpasste.

Und außerdem der Weg, die Katze und der Zaun.

Mitten auf dem Weg aber wuchs etwas.
„Nanu", sagte die Katze. „Auf dem Weg wächst etwas."

„Wo?", fragte der Zaun, der ziemlich schlecht sah.
Er fragte auch nicht wirklich, sondern schwieg,
aber die Katze verstand ihn auch so.

„Was für ein Etwas gedenkst du zu sein?", fragte die Katze.
„Woher soll ich das wissen?", erwiderte das Etwas und
legte ein winziges Blatt in den Staub.
Das Blatt war gelöffelt, geborstet und gezähnt.
„Ach so, ein Gänseblümchen."
„Ich bin ein Gänseblümchen?", fragte das Gänseblümchen
und legte ein zweites Blatt in den Staub.
Jetzt sah es selbst der Zaun.

„Fleißig bist du auch noch!"
„Warum denn nicht?", schon entblätterte es ein drittes Blatt,
und ein dünner grüner Hals wuchs aus seiner Mitte.

„Das kitzelt aber", kicherte das Gänseblümchen.
„Bloß Regen", sagte die Katze missmutig und
trollte sich ins Haus.

Der Zaun blieb, wo er war, denn es war
seine Hauptaufgabe zu bleiben, wo er war.
Das Gänseblümchen aber streckte sich und reckte
seinen grünen Kugelkopf dem Regen entgegen.

Bald hörte der Regen wieder auf.
Gänseblümchen und Zaun trockneten
still vor sich hin.

„Ach du lieber Himmel", dachte das Gänseblümchen.
Sein Kugelkopf öffnete sich.
Es erblickte das Licht der Welt: ein kreisrundes,
gleißendes Etwas im unermesslichen Blau.

„Jetzt blüht das Ding auch noch", berichtete
der Zaun der zurückgekehrten Katze.
„Die reine Unvernunft", sagte die Katze und benieste
es dreimal, um ihm trotzdem Glück zu wünschen.

„Gibt es noch mehr Gänseblümchen?"
Der Zaun verfiel in tiefes Schweigen
Die Katze putze sich, als hätte sie nichts gehört.

„Tot", sagte sie schließlich.

„Tot", setzte der Zaun in aller Stille hinzu.
„Tot? Was ist das?"
„Tot ist, wenn man tot ist", flüsterte die Katze.

„Und was ist, wenn man tot ist?"
„Dann wird es dunkel", schnurrte die Katze.
„Dunkler als unter den Wurzeln der Erde", äußerte
lautlos der Zaun.
„Tut das weh?"
„Ach was. Vor lauter Finsternis kann einem keiner mehr
etwas antun." Nach diesen Worten sprang die Katze
ins Haus. Das Gespräch hatte sie angestrengt.
Außerdem war es Zeit für die Abendmilch.

Allmählich wurde es dunkel.
„Kommt jetzt der Tod?"
„Jetzt kommt die Nacht."
Da schloss das Gänseblümchen die Blütenblätter und
neigte den Kugelkopf und versuchte zu schlafen.

„Zaun, bist du noch da?"
„Wo denn sonst, es ist doch meine Hauptaufgabe,
immer noch da zu sein", antwortete der Zaun stumm
und deutete Latte für Latte nach oben.
Oben war der Himmel Punkt für Punkt
mit Gänseblümchen übersät.

Im Morgenlicht erglänzte der Zaun
in der Pracht seiner Latten.
Über die Latten hinweg vollführte
die Katze ihren Morgenspaziergang.

„Wir leben noch", zwitscherte das Gänseblümchen.
Und auch der Zaun und die Katze hielten
diesen Umstand für verhältnismäßig erfreulich.

Hoch über den Weg flog ein Fallschirm hin.
Am Fallschirm hing ein Löwenzahnsame.
„Komm mit über den Zaun,
da ist es noch erlaubt zu blühen!"

„Vorsicht", fauchte die Katze.
Der Zaun stellte sich stocksteif.
Vom Haus her näherte sich
ein doppeltes Wegbeben.

„Hier wächst etwas, Lena! Das Zeug blüht sogar schon."

„Dann reiß es doch raus, Mensch."

„Wie du meinst, Lena."

„Au!"

„Hat dich das Unkraut gebissen?"

„Nein, die Katze."

„Alles muss man selber machen."

Da knarrte der Zaun.

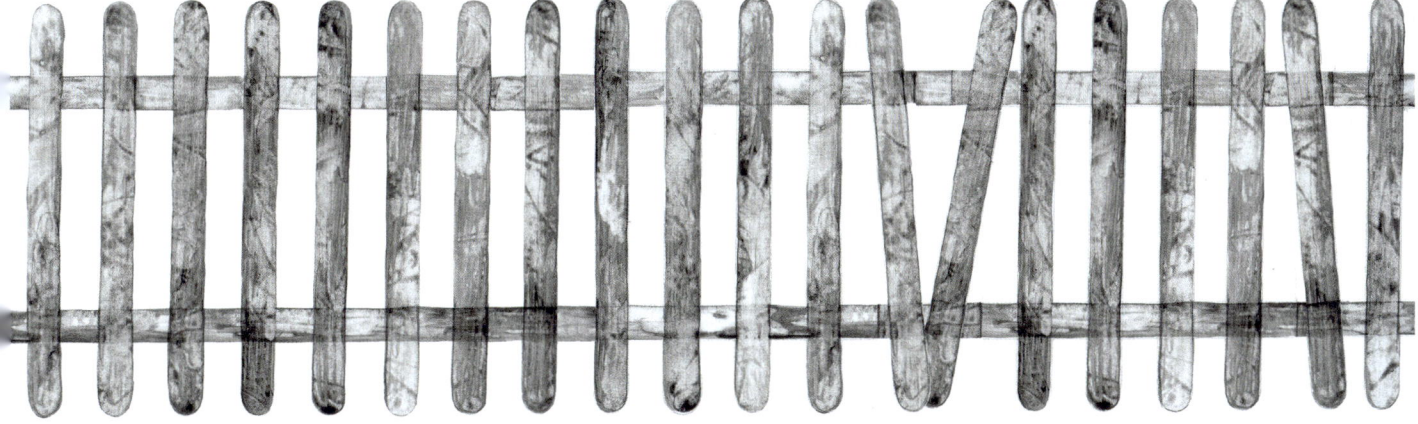

„Was hast du gesagt, Manfred?" „Ich? – Gar nichts."

„Sei froh, dass ich für Ordnung sorge!"

Trotzdem ging der Tag noch weiter.
Und die Sonne schien, als ob nichts geschehen wäre.

Aber dann kam die Nacht und der Himmel war Punkt für Punkt mit Gänseblümchen übersät.

Und nach der Nacht kam irgendwann ein Morgen,
in den die ganze Welt hineinpasste ...